自己身邊的人們——
無論在學校或是職場上，
面對朋友、前輩、家人以及情人，
擁有「關懷」的情感是理所當然的事。
同時也珍惜著自己本身，
活過每一個日子。

而得以心懷那般態度的秘訣，到底是什麼呢？
不管從哪一頁開始閱讀都沒關係，
就算中途放棄也無所謂，
讓我們跟著My Melody一起學習吧！

KEYWORDS

24　嶄新的事物不見得一定就是「好的東西」。
　　請珍惜那些無論時代如何變遷，
　　仍然屹立不搖的「真實之物」吧。

25　別總靠他人傳授知識，或是一味讀死書。
　　要好好地吸收並內化為自己的東西。

26　排擠別人的行為很愚蠢。
　　請公平且和睦地與大家相處吧。

28　不可輕信那些利己或浮誇的話語，
　　好聽的言詞之中總隱藏著內情。

29　若出現不明瞭的事物，那就是妳成長的機會。
　　嘗試敞開心胸聆聽吧。

30　即便擁有才能或知識，若不具備溫柔與誠實的特質，
　　人們將不會跟隨著妳。

31　避免太鑽牛角尖，請綜觀事物的全貌。
　　否則會讓妳停滯不前喔。

32　如果想經常被他誇讚「妳好可愛」，
　　就以成為一名素顏美女為目標吧。

33　試著寫封信給珍視的人吧。
　　花時間下功夫更能傳遞出妳的心意。

34　面對高位者要禮儀端正、以開朗的笑容問候對方。
　　請重視這理所當然的舉動。

35　為了讓眾人生活氣氛和樂，
　　無論面對任何人都要表達妳的感謝之情。

36　不論說出多麼嚴厲的話語，
　　如果真心替對方著想，
　　就不會遭人怨恨。

37 現在就改掉「自掃門前雪」
    這種自我中心的心態吧。

38 假如想達成壯大的目標，
    就要重視團隊合作。

39 即使身處的地位不如所願，
    也要完成被分配到的職務。

40 在一年一度的特別日子——生日時，
    請向總是支持著妳的重要人物表達感恩吧。

41 「已經跌落谷底了……」，
    若是面臨那種狀況，就改變心態吧。
    因為接下來事情只會往好的方向發展。

43 如果感到孤獨，就看看周遭的人們吧。
    一定能注意到其中存在著重視妳的夥伴。

44 無論屋邸多麼豪華，假如地基腐壞，
    遭逢些許搖晃就會崩塌。

45 不要介意年齡。
    捨棄無謂的自尊，聆聽「少年導師」的教誨吧。

46 妳曾用無心的話語傷害過親友嗎？
    即便面對友好的同伴也要保持禮貌喔。

47 戀愛很講求時機，別再快快不樂地煩惱了，
    直接把心意傳遞給對方吧。

48 別回顧討厭的過去，因為當下才是真正重要的時刻。

49 敬重長者、溫柔地對待心懷煩惱的人，
    這些順理成章的事情當然要做好。

50　怒氣會感染他人。
　　去做些妳喜愛的事，忘卻那些負面的情緒吧。

51　在探尋做不到的理由之前，
　　總之先著手試試看吧。

52　一起來磨練妳內在的感性吧。

53　倘若自始至終貫徹正直之心，
　　就能使妳無論遭逢多麼苦難的困境，都能柔暢地克服它。

54　唯有埋首忘我的時刻，
　　才能將妳的力量發揮至最大值。

55　如果每天都持續努力著，就安排一天無所事事的日子吧。
　　將這段悠閒度過的時光當作給自己的獎勵。

56　勉強的節食會毀壞身心，
　　在任何事情上尋求平衡點都很重要。

57　不可獨佔對眾人有益的事情，
　　要欣然地彼此分享。

58　就算被說是個「御宅族」也無妨，
　　能將心力完全投注在一件事情上，是多麼地幸福啊。

59　即使沒有預算，也要靠著巧思享受妝扮的樂趣。

60　不要受到他人的意見左右，
　　懷抱自己獨有的遠大夢想吧。

62　沒有從一開始就毫無疏漏、樣樣都會的人，
　　他們都是經過踏實的努力才成功。

63　事情不管好壞全都是妳的範本，
　　無論身處什麼樣的環境都能學到東西。

64 能夠確實指謫出妳錯誤的朋友非常珍貴，
坦率地把對方的話聽進去吧。

65 當妳心情低落時，
越是需要掛起笑容爽快地與人交談。

66 邂逅卓越的故事或音樂，
將能豐富妳的人生。

67 請勿理直氣壯地詰問他人，
還是要為對方找台階下。

68 每個人都有各自的職務，尊重對方的立場，
不要多說無謂的話語。

69 無論什麼事情，只要改變思考的角度，
就會轉化為優點或缺點。

70 要是出現「這樣就夠了」的想法，
那時妳的成長就結束了。

71 妳的思路是否過於僵化了呢？
閉上眼睛做一下深呼吸，讓自己更加柔軟靈活吧。

72 不管什麼事情，總有一天會派上用場，
在生命旅途中增加妳的知識吧。

73 時間是不會等人的，
請好好思考什麼是妳現在必須做以及想做的事情。

74 從妳判斷似乎最簡單的部分著手吧，
這將成為妳踏出的第一步。

75 能夠顧慮身邊所有人、事、物是很棒的特質，
留意舉動要與場合及目的合宜。

76 　兩人即使分隔遙遠也不要緊，
　　無法見面的時光將會加深你們的愛情。

78 　用心領略每個季節的滋味，
　　讓身心靈都精神飽滿吧。

79 　呈現坐姿時要挺直背脊，
　　用這小小的舉動大幅提升妳在別人心中留下的印象。

80 　將尊長或賓客的座席安排在離門口最遠的上位處，
　　請好好養成這項禮儀吧。

81 　要不要稍微照個鏡子呢？
　　就算待在房間裡，也要顧慮到自己是否過度鬆懈。

82 　無法遏止的傷悲，就盡情傾吐出來吧。

83 　正因為知道自己的極限在哪裡，才會明瞭何謂「恰如其度」。
　　如果不去冒險，就會一直什麼都不懂。

84 　口說的話語和所作所為都亂七八糟地對不上，
　　請留心這種光說不練的人吧。

85 　不要總關在房裡，試著走出戶外吧。

86　先完成那些妳不喜歡、麻煩的事情吧。

87　明明曾如此喜歡過的他，如今卻希望對方過得不幸。
　　人類就是遭到感情支配的生物。

89　不管事情是好是壞，都要坦然地全盤承受。

90　在責怪對方之前，先面對自己不好的一面吧。

91　雖然可以陪妳歡樂度日的朋友很重要，
　　但也要珍惜能與妳認真對談的友人。

92　若是想改變身邊的人，就先改變自己吧。
　　那麼眾人就會自然地隨之變化了。

93　倘若無法控制自己的感情和行為，
　　那麼妳將無法驅動他人。

94　不要在意眼前的蠅頭小利，切莫慌忙急躁，
　　以自己的步調去行動吧。

95　光是成天黏在一起算不上是友情，
　　要擁有能夠獨處的時間。

96　說不定只有妳才能注意到他隱含的魅力呢。

97　學習並不是為了任何人，
　　而是要用於磨練自我。

98　待在那種能以好對手的身分，
　　相互督促進步的朋友們身邊吧。

100　不可忘卻曾領受的恩惠，
　　　總有一天要報答對方。

101 事情都無法順利進行的時候，
     即便焦急也毫無助益。

102 妳是否太過顧慮氣氛了呢？
     就算抱持的意見與眾人不同，
     只要認為它是正確的，就勇敢說出來吧。

103 妳的態度是否很被動呢？
     有不懂的事情就持續發問吧。

104 如果發生問題，要想想自己是否也該為此負責。

105 倘若妳想達成遠大的目標，
     就要從小地方開始不停努力。

106 不要依賴他人去判斷一件事情是好是壞，
     在心中培養一套專屬於妳的準則吧。

107 不斷重蹈覆轍是最糟糕的行為。

108 如果跟不同類型的人攜手努力，
     將會湧生出更為壯大的力量。

109 若要敘說重要的事情，
     就要看準開口的時機。

110 那份愛情是真實的嗎？
     妳是否被任意索求著，隨對方起舞呢？
     在談戀愛的時候，也必須保持冷靜才行。

111 當有問題發生時，能藉由如何應對事態，
     來看清一個人的本質。

112 真正的學習在妳出了社會後才展開。
     不停吸收知識的人，最後一定會得到幸福。

113 「假使是這個人，無論委託的任務多麼艱難，也想替她達成」，
成為一名會讓人如此認為的人物吧。

114 如果受人所託，就要盡快辦理。
將微小的信任累積起來，就會銜接上輝煌的功績。

115 說他人的壞話要適可而止，
無論何時都莫忘以禮行事。

116 不要憑著一股衝動就做下決定，
聆聽旁人的意見吧。

117 明瞭自身的弱點為何，並巧妙地加以控制吧。

118 已流逝的時光無法再回溯，
把妳的後悔與反省利用在將來上吧。

119 珍惜能夠原封不動接納妳所有優缺點的人物吧。

120 請結交各色各樣的朋友。

121 每天皆能發掘出新的東西。
在找出不明瞭事物的同時，妳就獲得了成長。

122 若是擴展行動範圍，妳的自我也會逐步顯現。

123 假使發生失敗或為他人添了麻煩，
就好好說出「對不起」這句話吧。

124 即使面對有點令人畏懼的尊長，也要鼓起勇氣與對方交談。
這會成為妳與全新領域接觸的契機。

125 就算只鬆懈了一回，也牽繫著無可挽回的事態。
他人並不會輕易地收回對妳的負面評價喔。

126 相逢正是人生的寶物，
請珍惜與人之間的緣分，謹慎地待人接物吧。

為了豐富人生

而朝著理想及夢想努力，

擁有能對自己直言不諱的朋友。

妳的人生才剛剛展開，嘗試思考妳想度過怎麼樣的人生吧。假若持續朝著理想努力，將會有美好的未來在前方等待著妳。與朋友互相激勵著，在這段路途上一步一步用自己的步調前進吧。

子曰：「學而時習之，不亦說乎？有朋自遠方來，不亦樂乎？人不知而不慍，不亦君子乎？」〈學而第一〉

自己被拿來比較時莫著急。
若能像平常一樣坦誠的話，
對方一定能感受到妳的魅力。

充滿自信，並且善於言辭的人常會被評判為個性積極，
但其實最重要的是能為他人著想的心態。就算不擅於表
現自己也沒關係，一定會有人把妳的行為看在眼裡的。

子曰：「巧言令色，鮮矣仁。」〈學而第一〉

希望明天能更加美好。

鑽進被窩後，

試著回顧看看今天所發生的事吧。

不斷重複著相同的事，一天就這麼結束了。如果妳抱持這樣的想法，就騰出一段能夠察覺、反省的時間吧。對朋友的態度是否冷淡呢？事物的進度有沒有按照計畫呢？如果有值得反省的地方，立刻改正自己的行為吧。

「吾日三省吾身：為人謀而不忠乎？與朋友交而不信乎？傳不習乎？」〈學而第一〉

坦率承認自己的錯誤吧。
有很多事都是在真心道歉後
才會有所進展。

自尊會阻礙妳，而且也會使妳在面對勃然大怒的對象時
產生想逃避的心態。然而，坦率地向對方道歉吧。拚命
思考要如何讓對方原諒妳才好，因為那份經驗將不會付
諸流水。

子曰：「君子不重則不威，學則不固。主忠信，無友不如己者，過
則勿憚改。」〈學而第一〉

外表明明不顯眼，
卻有很多人自然地聚集在她身邊。
真想成為那樣的女孩子呢。

開心地聽人說話、不管面對誰都展現出一視同仁的態
度，還能自然而然地關心他人。希望妳能成為無論男女
都能對妳抱持好感的人。

夫子至於是邦也，必聞其政，求之與？抑與之與？子貢曰：「夫子
溫、良、恭、儉、讓以得之。夫子之求之也，其諸異乎人之求之
與？」〈學而第一〉

無論何者，
總有一天會面臨離別的時刻。
請珍惜能夠相處的時光吧。

覺得家長的囉嗦很煩厭，而在無意間展開反抗——也曾
發生過這種情況。不過，請妳想想看對方說那些話的動
機為何？幾乎都是擔心身為孩子的妳，才會那麼說的
吧。希望妳不論何時，都能保持著笑容面對這種情況。

子曰：「父在，觀其志；父沒，觀其行；三年無改於父之道，可謂
孝矣。」〈學而第一〉

不要總是單方面地索求，
請多努力嘗試讓彼此的心意相通吧。

對自己的事情不甚瞭解，也不願回過頭來看看。即便為
此感到不滿，但也別光是把自己的情緒強加於他人身
上。人類的心是很單純的。如同鏡子一般，這種作法也
會讓對方理解妳。

子曰：「不患人之不己知，患不知人也。」〈學而第一〉

決議好的事物或規則，
並不是要懲罰任何人才存在。
而是為了讓大家都能擁有愉快的生活。

儘管也會有使人喘不過氣的規範，但為了使大家生活快
適，規則就是種必要的存在。若大家都能擁有一顆替人
著想的心，說不定就不會再有無謂的規章存在了。

子曰：「道之以政，齊之以刑，民免而無恥；道之以德，齊之以
禮，有恥且格。」〈為政第二〉

10年後、20年後、30年後……
妳想成為什麼樣的人呢？
試著立下具體的目標吧。

嘗試想像看看妳想度過怎麼樣的人生呢？接下來，試著思考要怎麼做才能將其化為現實。就算現在的妳不可能做到也沒關係，請一點一滴地朝向那個未來的妳而努力吧。

子曰：「吾十有五而志于學，三十而立，四十而不惑，五十而知天命，六十而耳順，七十而從心所欲，不踰矩。」〈為政第二〉

嶄新的事物不見得一定就是「好的東西」。
請珍惜那些無論時代如何變遷，
仍然屹立不搖的「真實之物」吧。

那些在漫長的時光中，被珍視而承繼下來的事物總會有
其道理。請妳大量接觸那些被稱為「真實」且「一流」
的事物吧，始終都要保持著能從其中學習到某些東西的
心態。

子曰：「溫故而知新，可以為師矣。」〈為政第二〉

別總靠他人傳授知識，

或是一味讀死書。

要好好地吸收並內化為自己的東西。

別一心相信要憑自己解決問題，也試著傾聽周圍的意見
吧，其中一定包含著貴重的啟發。而更為重要的一點，
就是領略那份啟示，在自己的腦海中充分思考並理解。

子曰：「學而不思則罔，思而不學則殆。」〈為政第二〉

排擠別人的行為很愚蠢。
請公平且和睦地與大家相處吧。

明明跟同一個小圈圈的人聊得很愉快，卻對其餘的人態
度冷淡。雖然這種行為也許是想要強調彼此的情誼有多
深厚，但只會被當成心思狹隘的人。成為一位能夠珍視
眾人、心胸開闊的人吧。

子曰：「君子周而不比，小人比而不周。」〈為政第二〉

不可輕信那些利己或浮誇的話語，
好聽的言詞之中總隱藏著內情。

他人對妳說「這件事只告訴妳」，但回過神來卻發現自
己遭到欺騙。這種事態並不稀奇。不可被阿諛奉承而喪
失冷靜，請注意那些太過極端的話語。

子曰：「攻乎異端，斯害也已！」〈為政第二〉

若出現不明瞭的事物，
那就是妳成長的機會。
嘗試敞開心胸聆聽吧。

不管是學習也好、工作也好，當然不可能一開始就進行
得很順利。要保持冷靜，看清自己的能耐到哪裡，以及
對什麼事不明白，並充分加以理解。因為一時裝懂而蒙
混過去，之後困擾的人會是妳自己。

子曰：「知之為知之，不知為不知，是知也。」〈為政第二〉

即便擁有才能或知識，
若不具備溫柔與誠實的特質，
人們將不會跟隨著妳。

有一種人明明具有能力，卻不知為何總做不好負責的職
務。那是因為那種人不夠替他人著想，無法聚集人心。
單憑一人就能完成的工作沒什麼了不起，請與周遭人們
締結良好的關係吧。

子曰：「人而不仁，如禮何？人而不仁，如樂何？」〈八佾第三〉

避免太鑽牛角尖，請綜觀事物的全貌。
否則會讓妳停滯不前喔。

當針對一件事進行議論的時候，不管自己的論點有多麼
正確、觀點錯誤的是對方，都有可能會說不贏對手。然
而，不進行無謂的口舌之爭、調整妳的意見才是真正重
要的事吧。

子曰：「君子無所爭，必也射乎！揖讓而升，下而飲，其爭也君
子。」〈八佾第三〉

如果想經常被他誇讚「妳好可愛」，
就以成為一名素顏美女為目標吧。

擁有美麗的肌膚，妝容一旦高明得體的話，心情就會很
好，也會想購買許多種化妝品。說不定成為美女的捷
徑，就是在基礎上確實下工夫呢。

子夏問曰：「『巧笑倩兮，美目盼兮，素以為絢兮。』何謂也？」
子曰：「繪事後素。」曰：「禮後乎？」子曰：「起予者商也！始
可與言詩已矣。」〈八佾第三〉

試著寫封信給珍視的人吧。
花時間下功夫更能傳遞出妳的心意。

雖說電子訊息跟電話很方便，但遇到關鍵時刻時，推薦妳親手寫封信，鄭重地一筆一劃寫出文字。一定能將妳的那份情感跟溫情傳遞給對方的。請試著想像對方打開信箱時展露笑顏的模樣，提筆寫信吧。

子貢欲去告朔之餼羊。子曰：「賜也，爾愛其羊，我愛其禮。」
〈八佾第三〉

面對高位者要禮儀端正、
以開朗的笑容問候對方。
請重視這理所當然的舉動。

用尊敬的態度與高位者應對時，也會有人錯誤解讀為
「這人一定是在獻媚而阿諛奉承」。不過辨明自己的立
場，展現正確禮儀是理所當然的事。沒有必要在意他人
背後說的壞話。

子曰：「事君盡禮，人以為諂也。」〈八佾第三〉

為了讓眾人生活氣氛和樂，

無論面對任何人

都要表達妳的感謝之情。

目睹對店員展現高高在上態度的人時，會覺得很不舒服
吧？說不定對方認為付錢的當然就是大爺。無論何時，
保有一顆體諒的心是很重要的事。

定公問：「君使臣，臣事君，如之何？」孔子對曰：「君使臣以
禮，臣事君以忠。」〈八佾第三〉

不論說出多麼嚴厲的話語，
如果真心替對方著想，
就不會遭人怨恨。

在提醒與斥責他人的時候，需要拿出勇氣。不要被情感
左右，在讚賞對方優點的同時，也要謹慎地告訴對方如
果改掉錯誤的部分就會變得更好。無論是何種人，遇到
真心替自己著想的人都會打開心胸喔。

子曰：「苟志於仁矣，無惡也。」〈里仁第四〉

現在就改掉「自掃門前雪」
這種自我中心的心態吧。

基本上直接了當表達意見，是件很好的事。不過，意見
並不等同於恣意任性。要是所有人都只強調自己的論
點，不就會衍發出爭端了嗎？假若雙方都能稍微容忍，
就能圓滿解決事情。

子曰：「放於利而行，多怨。」〈里仁第四〉

假如想達成壯大的目標，
就要重視團隊合作。

跟夥伴一起朝同一個目標前進時，就要尊重彼此、經常
互相鼓勵。不堅持勉強對方接受自己的論調，好好聆聽
對方的意見很重要。莫要固執己見，雙方各讓一步較能
讓事情順利地推行。

子曰：「能以禮讓為國乎？何有？不能以禮讓為國，如禮何？」
〈里仁第四〉

即使身處的地位不如所願，
也要完成被分配到的職務。

自己沒有被遴選坐上夢想中的職位，那是因為對方擁有
足以站上那個立場的資格。要是有空在那裡埋怨，不如
拿出坦率的心態學習對方好的一面吧。這麼一來，妳下
次就能得到心之所望的職務喔。

子曰：「不患無位，患所以立；不患莫己知，求為可知也。」〈里
仁第四〉

在一年一度的特別日子──生日時，
請向總是支持著妳的重要人物表達感恩吧。

雖然每天見面可能會有點令人害羞，但一年之中就坦率
地向家人說一聲「謝謝」吧。他們一定會比妳所想像的
還高興一百倍喔。

子曰：「父母之年，不可不知也。一則以喜，一則以懼。」〈里仁
第四〉

「已經跌落谷底了……」，
若是面臨那種狀況，就改變心態吧。
因為接下來事情只會往好的方向發展。

在一切事情都無法順利進行、無望的時候，行動時陷入
恐慌只會讓問題變得更嚴重。假如進入惡性循環，就別
再做無謂的掙扎了。在妳淡然處理眼前問題的同時，暴
風般的危機就會不知不覺地漸漸消散。

子曰：「以約失之者，鮮矣。」〈里仁第四〉

如果感到孤獨，
就看看周遭的人們吧。
一定能注意到其中存在著重視妳的夥伴。

一旦孤身奮鬥，將會使妳變得痛苦又受挫。當妳處於那般時刻，請環顧妳的身邊，妳會看到朋友與家人都好好地守望著妳。有時候說些喪氣話也沒關係，大家一定都能夠理解的。

子曰：「德不孤，必有鄰。」〈里仁第四〉

無論屋邸多麼豪華，
假如地基腐壞，
遭逢些許搖晃就會崩塌。

即使基礎練習讓妳感到很無趣，請重複練習到確實學會它為止。根基若是紮得穩固，要如何應用都很有效。如果陷入停滯不前的狀況，請妳嘗試回歸到基本面看看吧。

子曰：「朽木不可雕也，糞土之牆不可杇也。」〈公冶長第五〉

不要介意年齡。
捨棄無謂的自尊，
聆聽「少年導師」的教誨吧。

常有些事情是晚輩較為明瞭的，不要認為對方可能會覺
得自己愚蠢，試著去詢問吧。說不定會以此為契機，讓
雙方的關係更加良好喔。

子貢問曰：「孔文子何以謂之文也？」子曰：「敏而好學，不恥下
問，是以謂之文也。」〈公冶長第五〉

妳曾用無心的話語傷害過親友嗎？
即便面對友好的同伴也要保持禮貌喔。

面對最瞭解自己的親朋好友，妳是否會無意間向對方撒
嬌、不講道理，以及擺出輕視的態度呢？因為無謂的一
句話而破壞重要的關係，這樣很悲哀不是嗎？

子曰：「晏平仲善與人交，久而敬之。」〈公冶長第五〉

戀愛很講求時機，
別再快快不樂地煩惱了，
直接把心意傳遞給對方吧。

無法讓最喜歡的他知道妳的心意，會令人很焦慮。當妳
身處那種情況，若是認真思考過要怎麼說才能讓他明瞭
的話，接下來就試著盡情向他傾吐情思吧。在妳為情所
惱的同時，會有其他女孩跟他變得更親密喔。

季文子三思而後行。子聞之，曰：「再，斯可矣。」
〈公冶長第五〉

別回顧討厭的過去，
因為當下才是真正重要的時刻。

一旦跟他吵架就會不自覺開始翻舊帳、單方面責罵對方，妳曾有過這樣的經驗嗎？這是絕對要避免的行為。他也會變得頑固且再次發怒，完全不是件好事。讓過去放手而逝吧，雙眼只看向未來。

子曰：「伯夷、叔齊不念舊惡，怨是用希。」〈公冶長第五〉

敬重長者、
溫柔地對待心懷煩惱的人，
這些順理成章的事情當然要做好。

要是看到年長者或殘疾人士站著，就將座位讓給他們。
若是有人為煩惱所困，就去幫助對方。這些事別等著其
他人去做，從妳本身開始行動吧。希望妳成為一名能實
踐那些應為之事的人。

子曰：「老者安之，朋友信之，少者懷之。」〈公冶長第五〉

怒氣會感染他人。
去做些妳喜愛的事，
忘卻那些負面的情緒吧。

當發生氣憤的事情時，妳有沒有遷怒到家人或情人身上
過呢？負面的情緒會像淤泥般沉積在自己內心中，也很
容易傳染到其他人身上。讓自己習慣避閃怒氣吧。

子曰：「有顏回者好學，不遷怒，不貳過。」〈雍也第六〉

在探尋做不到的理由之前，
總之先著手試試看吧。

無論何人，面對沒經驗過的工作時總是會畏縮。因為他
人難得認為妳應該有能力做這份工作而委任於妳，所以
要更有自信。在找藉口之前，先想想看要如何才能達成
目標吧。說不定一著手，就發現它簡單得出乎意料喔！

冉求曰：「非不說子之道，力不足也。」子曰：「力不足者，中道
而廢。今女畫。」〈雍也第六〉

一起來磨練妳內在的感性吧。

大量學習、吸收知識是很美好的事。然而，單單這樣做
會讓妳的理論與現實脫節。什麼資料都沒查詢，就去美
術館面對畫作也無所謂。憑藉自身的感官，試著單純地
感受事物很重要。

子曰：「質勝文則野，文勝質則史。文質彬彬，然後君子。」
〈雍也第六〉

倘若自始至終貫徹正直之心，
就能使妳無論遭逢多麼苦難的困境，
都能柔暢地克服它。

眼見有人能靠小聰明巧妙地鑽營，就會對其產生羨慕之
情。但是那種人也只有一時得意罷了。心態耿直的人，
才是真正的強者，無論何時都要心存正念。

子曰：「人之生也直，罔之生也幸而免。」〈雍也第六〉

唯有埋首忘我的時刻，
才能將妳的力量發揮至最大值。

能讓妳在所有事情上獲得進步的秘訣，就是盡情享受它們。即便學到技術與知識，也只是單純地執行應用。請不要忘記學會愈來愈多事物時，那份純粹的喜悅。

子曰：「知之者不如好之者，好之者不如樂之者。」〈雍也第六〉

如果每天都持續努力著，
就安排一天無所事事的日子吧。
將這段悠閒度過的時光當作給自己的獎勵。

在一個月前就把行程排滿，精力充沛地盼望著任何事
情。總是過著那種積極的日子，這麼一來妳不覺得喪失
了心靈上的閒暇嗎？就算找一天什麼事都不做，解放身
心也很好喔。

子曰：「知者樂水，仁者樂山；知者動，仁者靜；知者樂，仁者
壽。」〈雍也第六〉

勉強的節食會毀壞身心，
在任何事情上尋求平衡點都很重要。

想變得跟模特兒一樣纖細——抱著這種輕浮心態而開始
節食，把身體弄壞就本末倒置了。就像每個人的個性各
有不同般，也有人適合某種身材。做自己才是最重要的
事。

子曰：「中庸之為德也，其至矣乎！民鮮久矣。」〈雍也第六〉

不可獨佔對眾人有益的事情，
要欣然地彼此分享。

妳努力單打獨鬥、好不容易精通的事情，可不想把成功
的秘訣簡單傳授給別人吧？但是採取互相幫助的方式，
較能以良好效率接近目標。溫柔地伸手幫助那些困擾或
碰釘子的人吧。

子曰：「默而識之，學而不厭，誨人不倦，何有於我哉？」
〈述而第七〉

就算被說是個「御宅族」也無妨，
能將心力完全投注在一件事情上，
是多麼地幸福啊。

不管什麼事都可以，如果能有件事不分日夜地充滿妳的
腦海、讓妳對此熱衷就實在太好了。這也能讓妳結交到
總能一起雀躍大聊這話題的朋友，這一定會成為妳生命
中的貴重財產。

子曰：「甚矣吾衰也！久矣吾不復夢見周公。」〈述而第七〉

即使沒有預算，
也要靠著巧思享受妝扮的樂趣。

零用錢不夠，沒辦法購買想要的衣服——妳可以不用為
此唉聲嘆氣。一定能憑藉心思來擴展妳時尚的領域。比
起只是將成衣穿上身，在反覆試驗的同時也能漸漸磨練
妳的品味喔。

子曰：「飯疏食飲水，曲肱而枕之，樂亦在其中矣。不義而富且
貴，於我如浮雲。」〈述而第七〉

不要受到他人的意見左右，
懷抱自己獨有的遠大夢想吧。

無論什麼事情都可以，擁有光是想像就足以讓妳歡欣雀
躍的夢想，是件很幸福的事。一旦朝著那個夢想努力，
就能注意到自己確實地在成長，夢想會成為推動妳的力
量。

子曰：「志於道，據於德，依於仁，游於藝。」〈述而第七〉

沒有從一開始就毫無疏漏、樣樣都會的人，
他們都是經過踏實的努力才成功。

博學多聞、讓大家佩服的人，一定涉獵了各種領域。若
一感到在意就馬上調查資料，積極地去吸收他們認為正
面的知識。不要覺得困難，從自己喜愛的事物開始嘗試
吧。

子曰：「我非生而知之者，好古，敏以求之者也。」〈述而第七〉

事情不管好壞全都是妳的範本，
無論身處什麼樣的環境都能學到東西。

世界上存在著各色各樣的人。若是遇到令妳憧憬或值得
尊敬的人，就試著模仿他們的思考模式跟行為舉止吧。
相反地，看到妳不喜歡的人與對方不好的一面，就回顧
看看妳是否也做了一樣的舉動吧。

子曰：「三人行，必有我師焉。擇其善者而從之，其不善者而改
之。」〈述而第七〉

能夠確實指謫出

妳錯誤的朋友非常珍貴，

坦率地把對方的話聽進去吧。

儘管很明顯錯的是妳，卻毫無理由地加以袒護，這舉動
雖然乍看之下很溫柔，但那並不是友情。請珍惜會直接
對妳的失敗以及錯誤發怒的人們吧，當然也要確實改正
被指出的缺點。

子曰：「丘也幸，苟有過，人必知之。」〈述而第七〉

當妳心情低落時，
越是需要掛起笑容爽快地與人交談。

一旦有了痛苦與煩惱，就會繃起臉，說話的聲音也會變
小。當妳遇到那種時刻，就試著有意識地展露笑顏吧。
雖然表情一開始會很僵硬，但持續這麼做是很重要的
事。妳的心情將會被笑容牽動，跟著一起變好喔。

「動容貌，斯遠暴慢矣；正顏色，斯近信矣；出辭氣，斯遠鄙倍
矣。籩豆之事，則有司存。」〈泰伯第八〉

邂逅卓越的故事或音樂，
將能豐富妳的人生。

無論是書籍、音樂或是電影都好，去認識許多能讓妳從
心底感動的作品吧。從名著和經典作品開始接觸，尋覓
著自己喜愛的作品也很有樂趣喔。那些作品將會成為妳
人生的支柱。

子曰：「興於詩，立於禮。成於樂。」〈泰伯第八〉

請勿理直氣壯地詰問他人，
還是要為對方找台階下。

請不要對他人的錯誤窮追猛打，一旦無路可退，對方就
只會自暴自棄地展開反擊，使爭端擴大罷了。請維持情
緒冷靜。

子曰：「好勇疾貧，亂也。人而不仁，疾之已甚，亂也。」
〈泰伯第八〉

每個人都有各自的職務，
尊重對方的立場，
不要多說無謂的話語。

當妳無法接受上司的決定時，就會想刁難別人，但擔下
那工作責任的人，是上司而不是妳。站在不用負責任的
立場上說三道四，是個需要考慮的問題。判明清楚自己
的立場也很重要。

子曰：「不在其位，不謀其政。」〈泰伯第八〉

無論什麼事情，
只要改變思考的角度，
就會轉化為優點或缺點。

即使對方一開始看來頑固又不知變通，也會在相處的過
程中逐漸瞭解到對方是一名擁有主見、骨氣的人。請從
各種方面審視他人吧，妳一定能注意到其真正的優點所
在。

子曰：「狂而不直，侗而不愿，悾悾而不信，吾不知之矣。」
〈泰伯第八〉

要是出現「這樣就夠了」的想法，
那時妳的成長就結束了。

就算是活躍於世界舞台上的運動選手跟被稱為天才的藝術家，他們也每天懷著想讓自己的技巧變得更高明、表現愈加高強的想法格鬥著。或許他們就是很明白自己的不足之處為何，所以才會努力吧。

子曰：「學如不及，猶恐失之。」〈泰伯第八〉

妳的思路是否過於僵化了呢？
閉上眼睛做一下深呼吸，
讓自己更加柔軟靈活吧。

倘若固執於一種想法，認為「一定要這樣做才行」的話，妳就會陷入窘境，變得滯塞鬱悶。有時候也要將至今的作法全盤捨棄，嘗試從零開始。因為解決的線索意外地近在身旁喔。

子絕四：毋意，毋必，毋固，毋我。〈子罕第九〉

不管什麼事情，總有一天會派上用場，
在生命旅途中增加妳的知識吧。

無論是多麼一流的人物，在初出茅廬之時一定也曾做過
各種雜事，而那一切牽繫造就了他今日的成功。重視每
一個經驗，謹慎地埋首研究吧。

牢曰：「子云，『吾不試，故藝』。」〈子罕第九〉

時間是不會等人的，
請好好思考什麼是妳現在必須做
以及想做的事情。

不管是快樂或痛苦的時刻，時間都還是不停地流逝著。
偶爾也要停下腳步，嘗試思索自己想擁有什麼樣的未
來？而為了達成那個目標所不可或缺的東西是什麼呢？
現今必須實踐的事將會在妳眼前逐漸成形。

子在川上，曰：「逝者如斯夫！不舍晝夜。」〈子罕第九〉

從妳判斷似乎最簡單的部分著手吧，

這將成為妳踏出的第一步。

一旦追求完美呈現，就會感到這是段十分漫長的路途。
在那種情況下，就試試先從簡單的部分開始動手吧。即
使是小事也無妨，那會成為一件妳「成功完成」的事
情。

子曰：「譬如為山，未成一簣，止，吾止也；譬如平地，雖覆一
簣，進，吾往也。」〈子罕第九〉

能夠顧慮身邊所有人、事、物是很棒的特質，
留意舉動要與場合及目的合宜。

當妳身處正式場合或長輩聚集的地點，請注意舉止要不
失禮儀。某些事會因為世代的差距而顯得不合常理。希
望妳能成為一位能謹慎注意場合、顧慮現場眾人的人。

孔子於鄉黨，恂恂如也，似不能言者。其在宗廟朝廷，便便言，唯
謹爾。〈鄉黨第十〉

兩人即使分隔遙遠也不要緊，
無法見面的時光將會加深你們的愛情。

遠距離戀愛這件事真的很痛苦。然而，正因為相隔兩
地，也要能夠更加珍惜對方。在下一次約會時切勿抱
怨，綻放笑容享受彼此相處的時分吧。

「唐棣之華，偏其反而。豈不爾思？室是遠而。」子曰：「未之思
也，夫何遠之有？」〈子罕第九〉

用心領略每個季節的滋味，
讓身心靈都精神飽滿吧。

夏天是西瓜，而秋天則是秋刀魚。以食物來感受季節風
貌是很棒的事。盛產在夏天的食材能使身體涼爽，而冬
天的產物能夠予妳溫暖。希望妳能知道那些食物要如何
食用才會最美味，以及學習生活中的智慧，並珍惜地承
繼這些知識。

食不厭精，膾不厭細。食饐而餲，魚餒而肉敗，不食。色惡，不
食。臭惡，不食。失飪，不食。不時，不食。割不正，不食。
〈鄉黨第十〉

呈現坐姿時要挺直背脊，
用這小小的舉動大幅提升
妳在別人心中留下的印象。

妳在搭電車的時候，會不會無意識地分開膝蓋呢？雖然
妳認為這只是件小事，但這樣將會予人散漫的印象，請
注意自己在他人眼中的模樣，因為這麼做並不難，所以
從今天開始就養成習慣吧。

席不正，不坐。〈鄉黨第十〉

將尊長或賓客的座席安排在
離門口最遠的上位處，
請好好養成這項禮儀吧。

社會上存在著各式各樣的禮儀。雖然妳一開始可能會覺
得很麻煩，但去習慣它們很重要。讓對方感受到妳的尊
敬，在相處時不失禮儀吧。

鄉人飲酒，杖者出，斯出矣。〈鄉黨第十〉

要不要稍微照個鏡子呢？

就算待在房間裡，

也要顧慮到自己是否過度鬆懈。

因為是難得的假日，就悠閒地待在家放鬆，不過，一直
穿著睡衣滾來滾去很不好喔！男朋友來家裡時，看到妳
那副模樣將會對妳印象幻滅。絕不能因為沒人看到就隨
心所欲。

寢不尸，居不容。〈鄉黨第十〉

無法遏止的傷悲，
就盡情傾吐出來吧。

失去重要的人，沒有什麼比這更令人痛苦的了。不要封
藏妳的悲傷，開口傾訴吧。即使悲情不會因此消失，但
妳的情緒會稍微平靜下來。請永遠珍惜與所逝之人共度
的快樂回憶吧。

顏淵死，子哭之慟。從者曰：「子慟矣。」曰：「有慟乎？非夫人
之為慟而誰為！」〈先進第十一〉

正因為知道自己的極限在哪裡，
才會明瞭何謂「恰如其度」。
如果不去冒險，就會一直什麼都不懂。

若是買太多東西、飲酒過量的話，事後會造成強烈的後
悔。即便年輕時曾有許多事情做過頭，但要是能藉此明
白自己「剛好的限度」，那麼那些經驗就絕不會白費。

子貢問：「師與商也孰賢？」子曰：「師也過，商也不及。」曰：
「然則師愈與？」子曰：「過猶不及。」〈先進第十一〉

口說的話語和所作所為都亂七八糟地對不上，
請留心這種光說不練的人吧。

熱情地闡述理想，內容也十分具體、非常優秀。心想這
種人說不定能夠信賴，而徹底相信對方，這種行為也有
點危險。請冷靜地確認對方是否言行如一吧。

子曰：「論篤是與，君子者乎？色莊者乎？」〈先進第十一〉

不要總關在房裡，試著走出戶外吧。

有很多事情是儘管讀了幾十本書，但還是需要實際體驗才能明白。去打工靠自己賺錢也好，而擔任志工、參加社區活動認識各色各樣的人也不錯。這些全部都是在學習如何做人處事。

子曰：「賊夫人之子。」子路曰：「有民人焉，有社稷焉。何必讀書，然後為學？」子曰：「是故惡夫佞者。」〈先進第十一〉

先完成那些妳不喜歡、
麻煩的事情吧。

人一旦心懷愧疚，就會在意起別人的神色、坐立不安。
既然知道什麼是此刻該做的事，就去逐項展開行動吧。
要是擁有面對它們的心態，那麼自然就能冷靜下來做好
事情。

司馬牛問君子。子曰：「君子不憂不懼。」曰：「不憂不懼，斯謂
之君子已乎？」子曰：「內省不疚，夫何憂何懼？」〈顏淵第
十二〉

明明曾如此喜歡過的他，
如今卻希望對方過得不幸。
人類就是遭到感情支配的生物。

人啊，會憑著感情這一樣東西，而改變思考模式。討厭
對方時，就希望那人遭遇不幸。希望妳能成為無論雙方
如何分手，都能祝福對方得到幸福的人呢。

子張問崇德、辨惑。子曰：「主忠信，徙義，崇德也。愛之欲其
生，惡之欲其死。既欲其生，又欲其死，是惑也。〈誠不以富，亦
祇以異。〉」〈顏淵第十二〉

不管事情是好是壞，
都要坦然地全盤承受。

人的缺點很容易被看見，但是不分青紅皂白地警告對方，對方就會向妳封閉心靈。試著別去否定，先嘗試包容對方。盡量稱讚對方的優點，讓對方一起改掉必須改正的地方吧。

子曰：「君子成人之美，不成人之惡。小人反是。」
〈顏淵第十二〉

在責怪對方之前，
先面對自己不好的一面吧。

只要一發現他人的不是，往往就會把自己的缺點拋在腦
後、責罵對方。但是那些受到眾人尊敬的人，會先努力
改正自己的弊病，而不會先去管別人喔。

子曰：「先事後得，非崇德與？攻其惡，無攻人之惡，非脩慝與？
一朝之忿，忘其身，以及其親，非惑與？」〈顏淵第十二〉

雖然可以陪妳歡樂度日的朋友很重要，
但也要珍惜能與妳認真對談的友人。

擁有能一起去吃飯或唱KTV、歡笑大鬧的朋友很令人開
心。然而，也要結交一些可以認真談論未來、夢想、興
趣跟學習的朋友。這份能夠彼此互相鼓勵、使妳成長的
關係，將會成為妳一輩子的寶物。

曾子曰：「君子以文會友，以友輔仁。」〈顏淵第十二〉

若是想改變身邊的人，
就先改變自己吧。
那麼眾人就會自然地隨之變化了。

一回神才發現，氣質相近的人們都聚在一起形成小團
體。所以若是朝著目標努力前進，擁有同樣目標的夥伴
們一定會自然聚攏過來。相反地，如果妳脾氣變得暴躁
的話，人們可是會遠離妳的唷。

子曰：「其身正，不令而行；其身不正，雖令不從。」
〈子路第十三〉

倘若無法控制自己的感情和行為，
那麼妳將無法驅動他人。

明明嚴厲地說過要遵守集合時間了，若是說那句話的人
自己卻遲到，那就無法為人所信任。如果想要別人做某
些事，就要先嚴以待己吧。

子曰：「苟正其身矣，於從政乎何有？不能正其身，如正人何？」
〈子路第十三〉

不要在意眼前的蠅頭小利，
切莫慌忙急躁，
以自己的步調去行動吧。

如果老是拘泥於能迅速看到的結果，就無法抵達位於前
方的遠大目標。不追求獨屬自己的利益，試著尋找有什
麼能讓身邊的人也感到快樂的方法吧。即使必須耗時費
日，也一定能獲取到巨大的成果。

子夏為莒父宰，問政。子曰：「無欲速，無見小利。欲速，則不
達；見小利，則大事不成。」〈子路第十三〉

光是成天黏在一起算不上是友情，
要擁有能夠獨處的時間。

因為對方不回訊息所以感到不安、為了不被排除於朋友
圈之外，而總是在察言觀色……這些都是不好的行為。
比起任人擺布，更重要的是憑自己的意志行動，這樣才
能成為令人佩服的人物。

子曰：「君子和而不同，小人同而不和。」〈子路第十三〉

說不定只有妳才能注意到
他隱含的魅力呢。

不僅長相好看，說話也很風趣。雖然總是只注意那種受
人歡迎的類型，但內涵才是真正的重要之處。儘管平常
不引人注目，但遇到關鍵時刻卻是個最能依靠的人。對
這樣的男生置之不理，實在是太可惜了呢。

子曰：「剛毅、木訥，近仁。」〈子路第十三〉

學習並不是為了任何人，
而是要用於磨練自我。

用功跟學習技藝這種事，不能太在意他人的評價。唯有認為這麼做是為了提升自己的能力，這樣才能長久持續。要是有一天能夠運用那份能力對社會做出貢獻，這樣就更棒了。

子曰：「古之學者為己，今之學者為人。」〈憲問第十四〉

待在那種能以好對手的身分，
相互督促進步的朋友們身邊吧。

世上存在著兩種人類，也就是找出優點、思想積極向上
的人，以及吹毛求疵、扯人後腿這種負面的類型。哪一
方的感覺讓妳比較舒服呢？這也將成為一面反映出妳目
前狀態的鏡子。

子曰：「君子上達，小人下達。」〈憲問第十四〉

不可忘卻曾領受的恩惠，

總有一天要報答對方。

如果曾在困惱的時候受人幫助、得到親切對待的話，請
將這些事牢記心中。未來一定能有機會報恩的。然後也
對他人報以自己感受到的那份親切，將這親切的迴圈擴
展開來吧。

或曰：「以德報怨，何如？」子曰：「何以報德？以直報怨，以德
報德。」〈憲問第十四〉

事情都無法順利進行的時候，
即便焦急也毫無助益。

明明比他人更加努力卻得不到結果，是件很空虛的事，
一旦得不到好評價也會產生想抱怨的心態。但是別為眼
前的結果感到一喜一憂，肅然地繼續執行目前該做的事
吧。跨越障礙的日子並沒有妳想像中那麼遠。

子曰：「莫我知也夫！」子貢曰：「何為其莫知子也？」子曰：
「不怨天，不尤人。下學而上達。知我者，其天乎！」〈憲問第
十四〉

妳是否太過顧慮氣氛了呢？
就算抱持的意見與眾人不同，
只要認為它是正確的，就勇敢說出來吧。

在眾人討論的現場，唯一發表反對意見的人很有勇氣。
然而，事後就算說出「其實我有不同想法」也為時已
晚。因為這般舉動也會破壞妳跟眾人之間的信賴關係。

子曰：「可與言而不與之言，失人；不可與言而與之言，失言。知
者不失人，亦不失言。」〈衛靈公第十五〉

妳的態度是否很被動呢？
有不懂的事情就持續發問吧。

若是一味等待，他人就會認為妳缺乏幹勁而放棄妳。反之，積極提問的人則會受到別人認真的教導。大家也會對有學習熱情的人懷抱成長的期待喔。

子曰：「不曰〈如之何如之何〉者，吾末如之何也已矣。」
〈衛靈公第十五〉

如果發生問題，
要想想自己是否也該為此負責。

一旦產生失誤或麻煩，就先把錯誤賴給某人。遇到這種
時候，請站在對方的立場試著思考吧。要是注意到自己
的過錯，希望妳能勇於承認錯誤、當個好好擔下責任的
人。

子曰：「君子求諸己，小人求諸人。」〈衛靈公第十五〉

倘若妳想達成遠大的目標，
就要從小地方開始不停努力。

一旦只望著遙遠的偉大目標，就會變得無法看見腳邊的
事。若認定某個錯誤微乎其微而拋下不管，它也有可能
演變成嚴重的問題。正因為是小事才要謹慎地去處理。
那些小細節累積起來，才能築成一條通往遠大目標的捷
徑。

子曰：「巧言亂德，小不忍則亂大謀。」〈衛靈公第十五〉

不要依賴他人去判斷一件事情是好是壞，
在心中培養一套專屬於妳的準則吧。

諸如「評價很好有口碑」、「大家都在用」等等，請不
要過於全盤接受這些身旁的意見。要認為自己對其產生
「好像不太對耶……」的第一印象是正確的，不要小看
直覺喔。

子曰：「眾惡之，必察焉；眾好之，必察焉。」〈衛靈公第十五〉

不斷重蹈覆轍是最糟糕的行為。

無論有多麼慎重行事,還是會出現失誤。不要蒙混過去
或棄之不顧,請立即改正它。若趁著傷害不深的時候挽
救,修復也很簡單。沒有人會容許對方一再犯下相同錯
誤的喔。

子曰:「過而不改,是謂過矣。」〈衛靈公第十五〉

如果跟不同類型的人攜手努力，
將會湧生出更為壯大的力量。

善於描畫規模宏大目標的人，與擅長繪製精細設計圖的人，這兩種人沒有分孰優孰劣。在拿手的領域上發揮力量，互相幫助彼此表現不好的部分，以產生的相乘效果來造就恢弘的結果吧。

子曰：「君子不可小知，而可大受也；小人不可大受，而可小知也。」〈衛靈公第十五〉

若要敘說重要的事情，
就要看準開口的時機。

說的明明是同一件事，為何會依日子不同而產生不一樣
的反應呢？遇到那種狀況時，就冷靜地判斷對手是否有
在專心聽妳說話吧。時機是最為重要的因素。鎖定對方
看似尚有餘裕的時刻，試著對其開口吧。

孔子曰：「侍於君子有三愆：言未及之而言謂之躁，言及之而不言
謂之隱，未見顏色而言謂之瞽。」〈季氏第十六〉

那份愛情是真實的嗎？
妳是否被任意索求著，隨對方起舞呢？
在談戀愛的時候，也必須保持冷靜才行。

好想一直待在他的身邊──像這樣打從心底湧出的愛是
很棒的。不過，請妳先緩一緩。妳是否變成一名善於迎
合的女性了呢？請稍微抽離雙方的關係，嘗試思考這一
點吧。

孔子曰：「君子有三戒：少之時，血氣未定，戒之在色；及其壯
也，血氣方剛，戒之在鬥；及其老也，血氣既衰，戒之在得。」
〈季氏第十六〉

當有問題發生時，
能藉由如何應對事態，
來看清一個人的本質。

若是遇到了狀況，請絞盡腦汁讓問題不再繼續擴大。輕易放棄可是最糟糕的態度喔。

孔子曰：「生而知之者，上也；學而知之者，次也；困而學之，又其次也；困而不學，民斯為下矣。」〈季氏第十六〉

真正的學習在妳出了社會後才展開。
不停吸收知識的人，
最後一定會得到幸福。

人類這種存在，其實差異性不大。不要為了小事悶悶不
樂，應該不斷地學習必要的知識或技能，成為一位具有
魅力的大人吧。

子曰：「性相近也，習相遠也。」〈陽貨第十七〉

「 假使是這個人，無論委託的
任務多麼艱難，也想替她達成 」，
成為一名會讓人如此認為的人物吧。

即使將相同的任務交託出去，也會出現兩種人。一種人
樂意地想幫忙，而另一種人則是沒什麼意願去做。設立
目標，期許自己能成為一名讓身遭眾人都會想幫助妳前
進的人物吧。

君子學道則愛人，小人學道則易使也。子曰：「二三子！偃之言是
也。前言戲之耳。」〈陽貨第十七〉

如果受人所託，就要盡快辦理。
將微小的信任累積起來，
就會銜接上輝煌的功績。

他人委託的事物請勿拖延，立刻著手處理吧。即便只是
一件小事，說不定在對方心中卻很重要。

恭則不侮，寬則得眾，信則人任焉，敏則有功，惠則足以使人。
〈陽貨第十七〉

說他人的壞話要適可而止，
無論何時都莫忘以禮行事。

當眾人在聊天時，只要快沒話題就會開始一起批評他人。雖然身邊都是同伴的情況，會容易讓妳無意間說得太過火，但還是希望妳能記得維持最基礎的禮儀。

子曰：「有惡：惡稱人之惡者，惡居下流而訕上者，惡勇而無禮者，惡果敢而窒者。」〈陽貨第十七〉

不要憑著一股衝動就做下決定，
聆聽旁人的意見吧。

一旦失信於自己所言的約定，就會喪失他人的信賴。如
果有事情令妳在意，就算只有一點點也好，請不要獨自
下判斷，嘗試去傾聽周遭的意見吧。妳會漸漸發現只憑
自己注意不到的問題點唷。

齊景公待孔子，曰：「若季氏則吾不能，以季、孟之間待之。」
曰：「吾老矣，不能用也。」孔子行。〈微子第十八〉

明瞭自身的弱點為何，
並巧妙地加以控制吧。

這件事情明明不在今天之內做好就會完蛋，卻磨磨蹭蹭
地看漫畫、玩手機。這種時候去散個步，重整一下自己
也不錯。這麼一來就能夠轉換心情，請找到那類行為並
將其化為習慣吧。

齊人歸女樂，季桓子受之。三日不朝，孔子行。〈微子第十八〉

已流逝的時光無法再回溯，
把妳的後悔與反省利用在將來上吧。

諸如「那時候如果表現得更溫柔些，他或許就不會離開
我了吧」之類的想法。已經定案的事情，就算感到後悔
也別無他法。不過，妳擁有能夠轉變今後事情走向的力
量。改變髮型、轉換心情，去尋找新的邂逅吧。

往者不可諫，來者猶可追。已而，已而！今之從政者殆而！
〈微子第十八〉

珍惜能夠原封不動接納妳
所有優缺點的人物吧。

能夠瞭解妳的家人與朋友，是任何人都難以取代的存在。無論環境改變或是時光推移，那份友誼跟親愛之情都絕不會轉變。

周公謂魯公曰：「君子不施其親，不使大臣怨乎不以。故舊無大故，則不棄也。無求備於一人。」〈微子第十八〉

請結交各色各樣的朋友。

別認定妳的身邊全是「平凡的人類」，請觀察學習大家
的卓越之處吧，他們一定能讓妳知道嶄新的領域。

君子尊賢而容眾，嘉善而矜不能。我之大賢與，於人何所不容？我
之不賢與，人將拒我，如之何其拒人也？〈子張第十九〉

每天皆能發掘出新的東西。
在找出不明瞭事物的同時，
妳就獲得了成長。

假如每天背誦一個英文單字，一年之後妳就能熟練地掌
握365個單字。若能一點一點學習妳所不熟悉的事物，
知識就會確實地逐漸增加喔。只要世上還存在著妳不明
白的東西，妳的成長將會永無止境。

子夏曰：「日知其所亡，月無忘其所能，可謂好學也已矣。」
〈子張第十九〉

若是擴展行動範圍，
妳的自我也會逐步顯現。

一旦社會經驗不足，就總是會在意他人眼光。不需要焦
急不安，去認識各式各樣的人、開拓視野吧。當妳明白
陌生工作所擁有的益處，選擇的幅度就會擴展喔。

子夏曰：「博學而篤志，切問而近思，仁在其中矣。」
〈子張第十九〉

假使發生失敗或為他人添了麻煩，
就好好說出「對不起」這句話吧。

如果妳趕不上跟別人約好的時間，或是為人帶來困擾的
話，這時絕不能滿嘴藉口。請成為一名能坦率地為自己
缺失道歉的人物吧。

子夏曰：「小人之過也必文。」〈子張第十九〉

即使面對有點令人畏懼的尊長，
也要鼓起勇氣與對方交談。
這會成為妳與全新領域接觸的契機。

了不起或受到尊崇的人物擁有教人害怕的魄力。但是一
試著與對方談話，就會發現他們出乎意料地很容易親
近、態度溫柔。這正是他們之所以立於上位的理由。把
這當成一個學習的機會，拿出勇氣來吧。

子夏曰：「君子有三變：望之儼然，即之也溫，聽其言也厲。」
〈子張第十九〉

就算只鬆懈了一回，

也牽繫著無可挽回的事態。

他人並不會輕易地收回對妳的負面評價喔。

心想沒人注意的事情，也會意外地遭到目睹。就算只耍
了一個極其微小的手段，只要得到一次糟糕的評價，即
使妳其他方面都很完美，也無法為人所信任。即便是小
事情都不能偷工減料，請妳留心這一點。

子貢曰：「紂之不善，不如是之甚也。是以君子惡居下流，天下之
惡皆歸焉。」〈子張第十九〉

相逢正是人生的寶物，
請珍惜與人之間的緣分，
謹慎地待人接物吧。

人與人的邂逅，將會或多或少地逐漸改變妳的人生。只要妳積極又誠實，身邊自然就會匯集益友。至於會遇見什麼樣的人，則取決於妳日常的行為舉止。請珍惜這一生一次的相會，謹慎地與人交際吧。

周有大賚，善人是富。雖有周親，不如仁人。百姓有過，在予一人。〈堯曰第二十〉

My Melody 讀論語

作　　　者	朝日文庫編輯部 Sanrio Company, Ltd. (1-6-1 Osaki, Shinagawa-ku, Tokyo, Japan)	
執　行　長	陳君平	
榮譽發行人	黃鎮隆	
協　　　理	洪琇菁	
總　編　輯	周于殷	
譯　　　者	陳瑾	
美術總監	沙雲佩	
封面設計	陳碧雲	
美術指導&設計	Yuko Fukuma	
公關宣傳	施語宸	
國際版權	黃令歡、高子甯	

出　　版　　城邦文化事業股份有限公司　尖端出版
　　　　　　台北市民生東路二段141號10樓
　　　　　　電話：(02)2500-7600　傳真：(02)2500-1971
　　　　　　讀者服務信箱：spp_books@mail2.spp.com.tw

發　　行　　英屬蓋曼群島商家庭傳媒股份有限公司
　　　　　　城邦分公司　尖端出版行銷業務部
　　　　　　台北市民生東路二段141號10樓
　　　　　　電話：(02)2500-7600(代表號)　傳真：(02)2500-1979
　　　　　　劃撥專線：(03)312-4212
　　　　　　劃撥戶名：英屬蓋曼群島商家庭傳媒(股)公司城邦分公司
　　　　　　劃撥帳號：50003021
　　　　　　※劃撥金額未滿500元，請加付掛號郵資50元

法律顧問　　王子文律師　元禾法律事務所　台北市羅斯福路三段37號15樓

台灣地區總經銷　中彰投以北(含宜花東)　楨彥有限公司
　　　　　　電話：(02)8919-3369　傳真：(02)8914-5524
　　　　　　雲嘉以南　威信圖書有限公司
　　　　　　(嘉義公司)電話：0800-028-028　傳真：(05)233-3863
　　　　　　(高雄公司)電話：0800-028-028　傳真：(07)373-0087

版　　次　　2019年1月初版
　　　　　　2023年9月1版4刷
I S B N　　978-957-10-8461-9

版權聲明　　MY MELODY NO "RONGO" KOKORO YUTAKANI IKIRU TAME NO KOTOBA
　　　　　　© ASAHIBUNKO HENSHUBU 2014
　　　　　　© 2023 SANRIO CO., LTD. TOKYO, JAPAN Ⓗ
　　　　　　Originally published in Japan in 2014 by Asahi Shimbun Publications Inc.
　　　　　　All rights reserved.
　　　　　　Traditional Chinese translation copyright © 2019 by SHARP POINT PRESS,
　　　　　　a division of Cite Publishing Ltd.
　　　　　　No part of this book may be reproduced in any form without the written permission of the publisher.
　　　　　　Traditional Chinese translation rights arranged with Asahi Shimbun Publications Inc., Tokyo through AMANN CO., LTD., Taipei.

國家圖書館出版品預行編目（CIP）資料

My Melody讀論語 / 朝日文庫編輯部著. -- 1
版. -- 臺北市：尖端出版：家庭傳媒城邦分公
司發行, 2019.01
　面；　公分
ISBN 978-957-10-8461-9(平裝)

1. 論語　2. 通俗作品

121.22　　　　　　　　　　　　107020565